Pablo

GEORGINA LÁZARO

Ilustrado por MARCELA DONOSO

LECTORUM

PARA SABER Y CONTAR,

Y CONTAR PARA SABER...

—Pablo neruda

A mi Pablo.

—G.L.L.

A Esther Concha, mi mamita.

—M.D.

PABLO

Text copyright © 2008 Georgina Lázaro

Illustrations copyright © 2008 Marcela Donoso

Library of Congress Cataloging-in-Publication Data

Lázaro, Georgina.

Pablo / Georgina Lázaro ; ilustrado por Marcela Donoso.

p. cm. – (Cuando los grandes eran pequeños)

ISBN 978-1-632459-57-2 (paperback)

1. Neruda, Pablo, 1904-1973–Childhood and youth–Juvenile literature.

2. Authors, Chilean–20th century–Biography. I. Donoso, Marcela. II. Title.

PQ8097.N4Z678 2007

861'.62–dc22

[B]

2007011697

10 9 8 7 6 5 4 3 2

Printed in China

En el pueblo de Temuco
vivía un niño solitario.
Llevaba adentro un poeta
y un canto nuevo en los labios.

En los ojos, el asombro;
en sus oídos, rumor;
en la piel, el agua, el viento,
y una voz en su interior.

Sus sentidos despertaron
en la plenitud del campo,
las fragancias de la hierba,
sus colores y sus cantos.

Olor a ubres y a vino,
a lluvia, a tierra mojada,
lilas, ciruelos silvestres,
madera recién cortada.

Silencio, rumor, zumbido,
aserraderos que cantan,
cigarras que se lamentan,
murmullo de agua que pasa.

Casa de maderas frescas
fue su hogar, nido oloroso,
con sus salas en penumbras
y su techo alborotoso.

Allí la lluvia caía
como mar y voz del cielo;
catarata de hermosura,
sonido de piano en vuelo.

Allí creció el niño triste,
débil, pálido y delgado,
de inquietos ojitos negros,
tranquilo, solo, callado.

Era huérfano de madre.
Sólo conoció su foto:
pensativa y muy delgada,
de mirar triste y remoto.

Tuvo suerte el muchachito
cuando se casó su padre
con una mujer muy buena
a la que llamó Mamadre.

Era doña Trinidad,
campesina laboriosa,
mujer dulce, diligente,
muy humilde y bondadosa.

Su padre: un hombre sencillo,
de orígenes campesinos,
criado en tierras de viñas
y en las bodegas de vino.

Era conductor de trenes.
Se llamaba don José.
Con frecuencia lo llevaba
a dar un paseo con él.

Con sus primeros amigos,
los peones de los trenes,
exploró la tierra virgen
alejado de los rieles.

En la frontera silvestre
buscaba el niño tesoros:
en las ramas del coihue
las aves formando coros.

Huevos de perdiz, raíces,
escarabajos y flores,
arañas, hojas, culebras
y piedritas de colores.

Monge, uno de esos amigos,
lo seguía por la selva
con su sonrisa muy blanca
en su cara tan morena.

Un día le trajo un insecto:
coleóptero deslumbrante,
relámpago de arco iris
de caparazón brillante.

Nunca olvidaría a ese amigo,
su compañero araucano,
ni el resplandor de colores
que colocó entre sus manos.

Cuando cumplió los seis años
lo enviaron al Liceo.
Lo que allí más disfrutaba
era la hora del recreo.

Con sus amigos se iba
a elevar un volantín,
o se mojaba los pies
a orillas del río Cautín.

Tan pronto aprendió a leer
lo cautivó la lectura;
libros de sitios distantes,
de viajes y de aventuras.

Navegante solitario
en el río de las palabras.
Otra selva deslumbrante,
un silencio que le habla.

En el mundo de las letras
se construyó un nuevo mundo.
Fijó su meta en lo alto,
su emoción en lo profundo.

Entonces surgió el poeta
que llevaba en su interior.
Dedicado a su Mamadre
su primer poema escribió.

Y entre silencio y palabras
su voz comenzó a salir.
Sólo un interés tenía:
el de leer y escribir.

Al regresar del colegio,
antes de hacer la tarea,
en el cuaderno de clases
escribía nuevos poemas.

Cuando tenía doce años,
un calor entró en sus venas,
dulce fragancia de lilas,
campanas, canciones, penas.

Las largas cartas de amor
fueron sus obras primeras;
miraditas y membrillos
sus primeras recompensas.

Entonces llegó al liceo
una nueva directora.
Era Gabriela Mistral,
se convirtió en su tutora.

Tenía una sonrisa blanca
en su rostro algo moreno
como la cara de Monge
su amigo, el humilde obrero.

Como él, le mostró tesoros:
libros que dejaron huellas,
su poesía conmovedora,
libre, nueva, dulce, tierna.

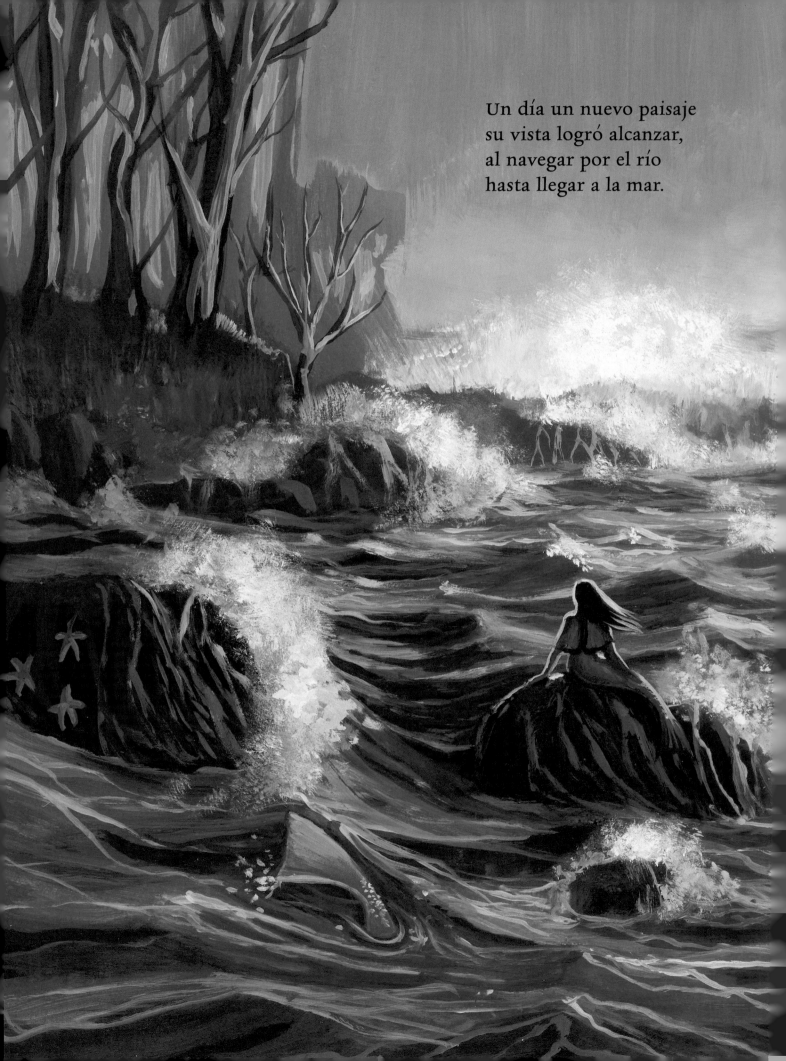

Un día un nuevo paisaje
su vista logró alcanzar,
al navegar por el río
hasta llegar a la mar.

Inmensas olas nevadas,
un estruendo colosal,
arenas y caracolas,
olor a espuma y a sal.

Se abrió la cárcel del bosque.
La patria se hizo más grande.
El mar se asomó a su verso
y allí decidió quedarse.

La poesía lo llamaba,
no sabía qué decir.
Dando golpes en su alma,
una luz quería salir.

De libros, versos y sueños
tenía llena la cabeza.
Le embriagaban como el vino.
Le zumbaban como abejas.

Pero el padre, riguroso,
no quería que escribiera.
Su deseo era que estudiara
y que hiciera una carrera.

A los diecisiete años
se fue a la universidad.
De Temuco hasta Santiago,
de la selva a la ciudad.

Joven, vestido de negro,
estudiante de francés,
con su capa de poeta
y sombrero cordobés.

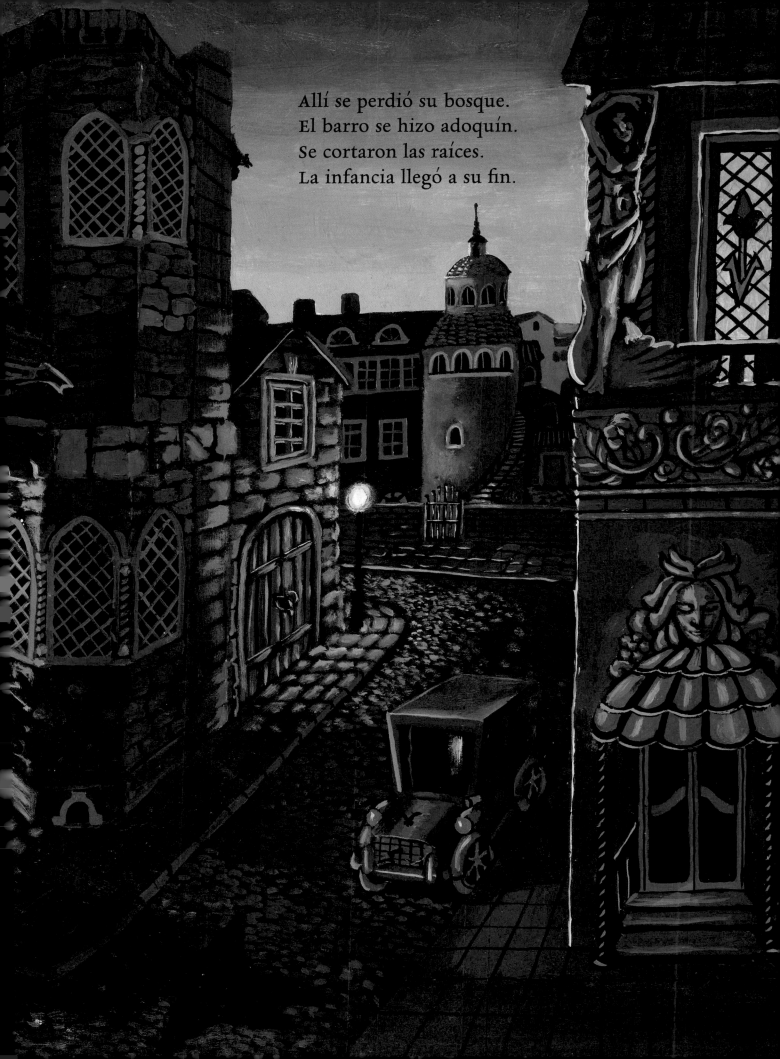

Allí se perdió su bosque.
El barro se hizo adoquín.
Se cortaron las raíces.
La infancia llegó a su fin.

Escribía más que nunca,
pero comía mucho menos.
Publicó su primer libro:
al fin realizó su sueño.

Vendió su reloj, sus muebles.
Empeñó lo que tenía.
Llevaba zapatos rotos,
pero una loca alegría.

Su corazón de poeta
abrió la puerta a la vida.
La abrazó desde su verso
como a una amiga querida.

Intentó nombrarlo todo,
desde el llanto hasta el consuelo,
de la arena a la montaña,
de la soledad al pueblo.

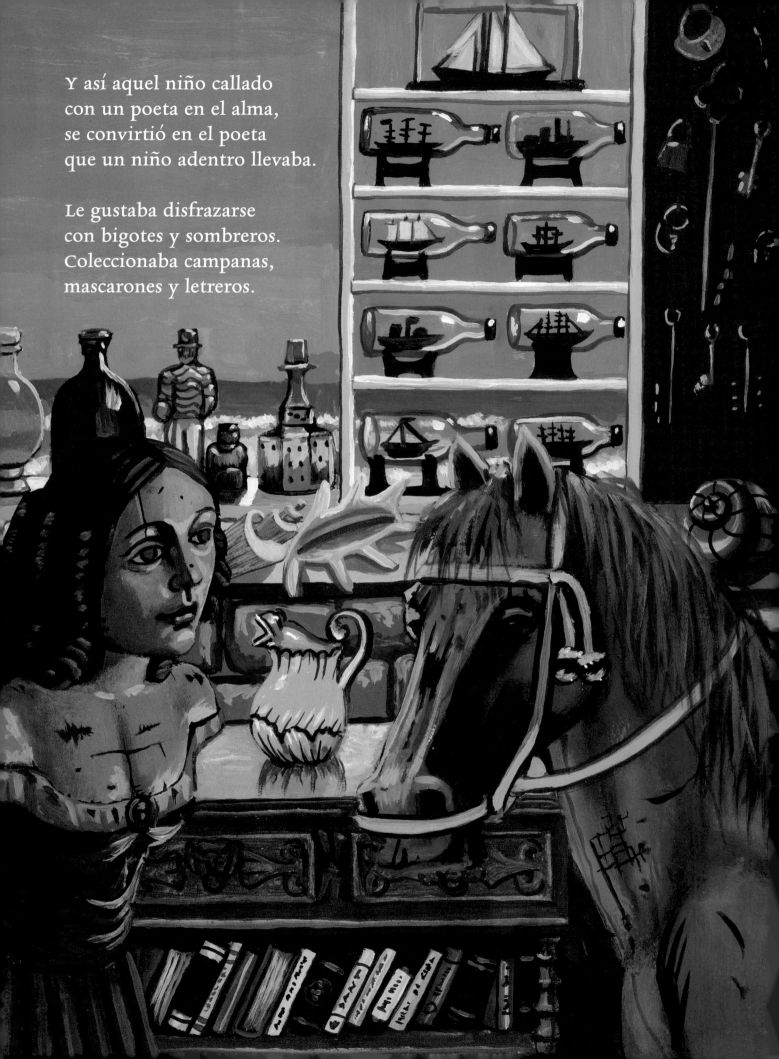

Y así aquel niño callado
con un poeta en el alma,
se convirtió en el poeta
que un niño adentro llevaba.

Le gustaba disfrazarse
con bigotes y sombreros.
Coleccionaba campanas,
mascarones y letreros.

Le fascinaban los circos
y recoger caracoles,
los caballos de madera,
los papeles de colores.

El pequeño se hizo grande,
lo hizo grande su poesía.
Y aunque haya pasado el tiempo,
su obra aún sigue viva.

Su poesía es un canto nuevo
que a todos les da la mano.
Su voz surgió desde adentro
y trascendió el mundo hispano.

Voz de lluvia, voz de olas,
de crepúsculo, de vino,
de pájaro, obrero, pueblo,
de esperanza, de camino.

Voz latinoamericana
que al mundo entero saluda,
canto, verso, verbo, grito…
la voz de Pablo Neruda.

¿TE GUSTARÍA SABER MÁS?

Su nombre era Ricardo Eliécer Neftalí Reyes Basoalto. Nació en Parral, en el centro de Chile, el 12 de julio de 1904. Su madre, Rosa, que era maestra, murió cuando el niño tenía sólo dos meses. Poco tiempo después, su padre, José, un humilde conductor de trenes, se casó con Trinidad Candia Marverde y se trasladó a Temuco, llevando a su hijo a vivir con él.

Cuando tenía seis años ingresó en el Liceo de Hombres de Temuco y estudió allí hasta que terminó el sexto año de humanidades en 1920. Para esa fecha ya había publicado artículos y poemas en diarios y revistas usando el seudónimo de Pablo Neruda. A los 16 años obtuvo el primer premio en un certamen literario, la Fiesta de la Primavera de Temuco.

A los 17 años viajó a Santiago para seguir la carrera de profesor de francés. Dos años después publicó su primer libro, *Crepusculario*, y al año siguiente *Veinte poemas de amor y una canción desesperada*.

En 1927 comenzó su carrera diplomática cuando lo nombraron cónsul en Rangún (Birmania). Luego fue trasladado a muchos otros lugares: Colombo (Ceilán), Batavia (Java), Singapur, Barcelona, Madrid y París.

Entre sus obras se destacan, además de las dos ya mencionadas: *El hondero entusiasta*, *Residencia en la tierra*, *Canto general*, *Los versos del capitán*, *Odas elementales*, *Memorial de Isla Negra*, *Confieso que he vivido*, publicada después de su muerte, y muchas otras. Sus trabajos han sido traducidos a todas las lenguas occidentales y a muchos otros idiomas, como el hebreo, árabe, persa e hindú.

Durante toda su vida recibió gran cantidad de reconocimientos y premios. El 21 de octubre de 1971, recibió el premio Nobel de Literatura que ratificó su prestigio universal.

Casi dos años después, el 23 de septiembre de 1973, muere en Santiago de Chile.